Comité Central de Propagande Plébiscitaire

Miettes d'Histoire

Conférence faite à Montbozon (Haute-Saône)

le 19 Février 1911

par

Mademoiselle Pauline BLÉTRY

Membre du Comité Central

Cette Brochure se trouve

AU SIÈGE SOCIAL DU COMITÉ

17, RUE DE SURÈNE, 17

PARIS (VIIIᵉ)

Pour toutes Affiches,
Brochures, Gravures, Tracts
et
Insignes de Propagande
ainsi que pour tous les Ouvrages
de Mlle Pauline BLÉTRY
s'adresser au Siège du Comité
17, Rue de Surène, 17
(VIIIe)

Miettes d'Histoire

Conférence faite à Montbozon (Haute-Saône)
le 19 Février 1911
par
Mademoiselle Pauline BLÉTRY
Membre du Comité Central

AVANT-PROPOS

L'histoire contemporaine est toujours la plus ignorée. L'adolescent quittant les bancs de l'école communale ou les salles du lycée se lance éperdûment dans l'activité sociale sans autre but que le souci de sa carrière ou le soin de ses modestes intérêts quotidiens. Partagé entre le labeur et le plaisir, il n'effleure que d'un regard furtif les colonnes du journal ; il ne prête qu'une oreille distraite aux échos de la vie publique sortant des enceintes législatives ou se traduisant un peu partout par les fluctuations de l'opinion.

Et pourtant ces vétilles du moment présent sont le tissu de l'histoire ; elles contiennent parfois le germe des révolutions ou cachent l'étincelle des cataclysmes.

C'est ainsi qu'au cours de sa vie l'homme voit éclater soudain des événements qui lui semblent inexplicables tandis que la genèse s'en est graduellement développée devant lui, bien qu'à son insu. Dans ces conditions, les contemporains vivent à côté de la vérité qu'ils ignorent, comme l'aveugle et le sourd à côté de la société dont ils ne peuvent faire partie.

Il est difficile de remédier à cet état de choses quelque regrettable qu'il soit. Non seulement les événements ne peuvent être consignés dans l'histoire que plusieurs années après leur accomplissement, mais encore sont-ils souvent faussés par l'intérêt qui flatte ou la haine qui insulte les acteurs encore vivants de scènes récentes.

Quand une nation évolue normalement dans son orbite et en dehors des cataclysmes si fréquents dans la vie de certains peuples, l'ignorance de l'histoire contemporaine n'entraîne pas de conséquences très funestes. Mais en France, à l'heure actuelle, cette ignorance est une des grandes causes de la torpeur des populations. Indignement trompées sur le passé, inquiètes dans le présent elles arrivent à se désintéresser de l'avenir. Ce malaise contribue largement à oblitérer le jugement, à troubler l'esprit, à paralyser la volonté des Français. Bien plus : cette ignorance que traversent quelques fausses lueurs de vérité leur paraît être le chemin à suivre en toute sécurité et justice.

Or, sur quelque terrain que ce soit, rien n'est plus pernicieux que le faux jour ; mieux vaudrait l'obscurité complète. L'homme atteint de cécité n'avance que prudemment, sondant le terrain et s'arrêtant s'il hésite. L'homme séduit par le mirage ou entraîné par le vertige court droit à l'abîme.

Depuis quarante ans, l'immense majorité des Français s'égare dans le mirage et chancelle dans le vertige. A l'ignorance habituelle de l'histoire contemporaine s'ajoutent pour eux les agissements d'une véritable conspiration officielle résolue à semer partout l'erreur, à taire la vérité, à dénaturer les faits, à déplacer les responsabilités, de telle sorte que nombre de Français, d'ailleurs instruits, vivent et meurent dans l'ignorance ou dans l'erreur de faits composant l'un des drames les plus saisissants de leur vie nationale.

Un gouvernement qui, par des lacunes ou des erreurs intentionnelles dans l'enseignement de l'histoire déforme ainsi la conscience publique, commet un crime de lèse-patrie... Par un monstrueux abus de pouvoir, il escroque la confiance nationale. Que dirait-on d'un père refusant de faire connaître à ses enfants son nom, sa demeure, sa profession, etc., ou les induisant en erreur sur ces questions fondamentales ?...

Inspirés par le respect de la vérité et le culte de la justice, des hommes éminents se sont donné la noble mission de rétablir l'exactitude historique et de reconquérir à une Auguste Mémoire le respect et la reconnaissance dont on l'a odieusement frustrée. Mettant leur talent au service de leur équité, ces dignes Français sont parvenus à reconstituer à l'aide de documents irréfutables — tant avant qu'après le Quatre Septembre — tout le drame dans lequel se débat si douloureusement la patrie.

Démasquant le mensonge, déjouant les artifices, détruisant les combinaisons de l'intrigue et de la calomnie, ces hommes de cœur ont rasséréné les esprits et relevé les courages comme la lucidité du réveil chasse les angoisses du cauchemar.

La plume de tels écrivains sert le droit et venge l'honneur autant que l'épée des anciens preux.

Par ces vaillants justiciers l'œuvre du deuxième Empereur apparaît dans toute la sublimité de son envolée mais blessée à mort par des hommes qui, n'ayant de Français que le nom — nom souvent même usurpé de fraîche date — resteront la honte de l'histoire et le déchet de l'humanité.

Après avoir lu ces écrits vainqueurs parmi lesquels il faut citer : *Un grand Méconnu* (Jean Guétary), *Napoléon III devant l'histoire* (Pierre Gérard) ; *Les organisateurs de la défaite* 1870 (Yves de Constantin et Félix Marty) ; *La guerre de 1870-71. Origines et responsabilités* (Camille Cocuaud), l'esprit se sent régénéré comme le voyageur du désert en entrant dans l'oasis. (1).

Toutefois ces livres, dont un seul suffirait à rénover l'opinion française, ne sont pas à la portée de tous. Ne rayonnant qu'aux regards de quelques privilégiés, ils n'atteignent pas le plein effet de leur influence réparatrice.

Pour y obvier autant que possible, il semble utile de chercher à condenser en quelques lignes les faits les plus entachés d'obscurité ou de mensonge afin de les présenter à ceux de nos concitoyens particulièrement limités dans leurs loisirs ou leurs ressources. Il faut aller à eux avec simplicité, comme dans un entretien cordial affranchi de citations documentées surchargeant le récit. D'ailleurs, l'exactitude de ce récit sera facilement établie par quiconque le rapprocherait de publications plus amples et plus précises. Alors la pleine lumière descendant au plus humble foyer y réveillera dans toute sa rectitude l'intégrité de la conscience française. Tel est le but que je me propose en rassemblant ces « Miettes d'histoire ».

Puisse cet élan de patriotisme, dessillant les yeux de nos chères et malheureuses populations, les aider à reconnaître le chemin par lequel les Napoléons conduisirent la France au zénith de la gloire et les Français à l'apogée du bonheur !

(1) L'adresse et le coût de ces ouvrages peuvent être demandés au Comité Central de Propagande Plébiscitaire, 17, rue de Surène, à Paris, qui peut livrer aussi des brochures très instructives .: *Le Centenaire de Napoléon III*, *Le Prince Napoléon et son programme*, *Petit Catéchisme du Plébiscitaire intégral*, *Aux Républicains*, *Le Procès de Sedan*, etc., etc.

I

Quand un gouvernement succombe sous une rafale révolutionnaire, il est fréquent qu'il se trouve aussitôt en butte aux attaques du gouvernement qui lui succède. Pour justifier son apparition plus ou moins insolite, ce dernier éprouve le besoin de récapituler, d'exagérer les fautes et les erreurs du gouvernement dont il tient la place. Il arrive même parfois aussi que le régime disparu devient la victime de calomnies et l'objet d'intrigues qu'il n'a plus les moyens de démasquer. Il faut remarquer que plus le gouvernement nouveau se sent faible, illégitime et taré, plus violemment il s'acharne contre son devancier. C'est seulement lorsqu'il se sait légitime et fort qu'il dédaigne de discréditer son prédécesseur, quel qu'il ait été. C'est ainsi qu'en 1804 et 1852, les Napoléons ne s'abaissèrent point à faire étalage des crimes des Républiques qui venaient de s'effondrer sous le poids de leurs excès. C'est ainsi que de même, en 1814-1815 et 1870, les Bourbons et les républicains proférèrent contre nos Empereurs tout ce que peuvent formuler de plus virulent la haine et la calomnie. Napoléon Ier et Napoléon III se virent l'objet d'accusations si monstrueusement invraisemblables qu'elles s'effondraient d'elles-mêmes par un examen un peu attentif.

Mais cet examen n'est pas à la portée de tous. Les populations absorbées par les nécessités quotidiennes de l'existence, placées en dehors des centres où l'opinion se manifeste sous ses diverses formes, rassasiées par les cyniques mensonges d'une presse vénale restent aujourd'hui encore — en trop grande partie du moins — sous l'influence des artifices entassés par les hommes du Quatre Septembre pour faire admettre leur domination révoltante.

Toutefois le temps a passé. Son œuvre vengeresse consiste à diriger une lumière irrésistible sur les faits qu'avaient d'abord dissimulés l'intérêt et la passion.

Au moment où s'écroule un édifice, le bruit et la poussière de la secousse en dérobent la cause et les effets. Pour reconnaître la nature du sinistre, il faut attendre que le calme s'étant rétabli, permette aux rayons du jour de se répandre sans obstacles sur le théâtre de la catastrophe.

Depuis longtemps la limpidité de faits indiscutables éclaire le drame où devait sombrer le deuxième Empire. Plus rien aujourd'hui ne subsiste du chaos savamment préparé et entretenu par les républicains pour accomplir leur œuvre de haine et, en même temps, assouvir leurs appétits criminels. En soulevant graduellement le rideau de l'histoire, le temps a fait apparaître à nu des faits qui tout d'abord insoupçonnés éclatent aujourd'hui dans toute l'autorité d'une éloquence décisive.

La falsification par Bismarck de la dépêche diplomatique envoyée d'Ems au gouvernement français par le roi Guillaume ; le refus dans les premiers jours de septembre par Jules Favre et Gambetta d'une paix honorable ; les honteuses connivences de Gambetta avec Bismarck et dont la publication posthume de la correspondance de ce dernier révéla l'existence, tels sont les principaux faits par lesquels s'établissent les responsabilités sans laisser planer aucun doute sur les véritables causes de nos désastres. La guerre de 1870 fut un cyclone qui, en emportant l'Empire, bou-

leversa la France jusqu'au profond de ses
sources vitales. L'Europe entière en reste
ébranlée ; les nations voisines souffrent de
notre souffrance... Elles ne se guériront
qu'avec nous et par nous, ou bien tout
périra. C'est ainsi que cette guerre néfaste
reste un cataclysme universel ; c'est ce
qui ajoute à l'urgence d'en connaître fon-
cièrement tout l'historique.

Pendant quelques instants nous allons
envisager ensemble, Messieurs, Mesdames,
pour en démontrer toute l'inanité, les quatre accusations principales formulées par
les républicains contre l'Empereur Napoléon III.

1° Les républicains accusèrent l'Empereur de légèreté ou d'imprévoyance dans
la question de nos armements et prépara-
tifs militaires ; cette accusation est de toute fausseté.

2° Les républicains accusèrent l'Empereur d'avoir voulu et favorisé la guerre
par ambition personnelle et intérêt dynastique ; cette accusation est inepte.

3° Les républicains rejetèrent sur l'Empereur la responsabilité du désastre de
Sedan où, d'après eux, l'Empereur aurait
conduit l'armée par incapacité et se serait
rendu par lâcheté ; cette accusation est
criminelle.

4° Enfin comme conséquence de ce qui
précède, les républicains attribuent à
l'Empereur la perte de l'Alsace-Lorraine;
cette accusation est impudente.

II

L'Empereur n'a pas fait preuve d'impré= voyance

Napoléon III s'est, au contraire, montré soucieux de la sécurité nationale au point de vue militaire.

En 1866, on s'en souvient, un événement considérable agita l'Europe : ce fut la guerre entre la Prusse et l'Autriche se terminant par l'écrasement de cette dernière puissance à Sadowa. Ce résultat fut aussi foudroyant qu'inattendu car toute l'Europe avait escompté la victoire de l'Autriche. Le rôle de la France dont l'Empereur avait fait le régulateur du monde semblait être alors d'intervenir en faveur de l'Autriche afin de s'opposer à ce commencement de déséquilibre européen. Alors déjà l'opposition fit tous ses efforts pour qu'il n'en fût point ainsi.

Force nous est ici de jeter un coup d'œil sur cette opposition qui, d'abord si peu nombreuse, parvint cependant à perdre l'Empire et peut-être aussi la France elle-même avec lui...

Il est peu de gouvernements devant lesquels ne s'élève une opposition quelconque, mais cette opposition porte généralement sur une question particulière ou un principe déterminé. Parfois même aussi, purement éventuelle, elle ne vise qu'un fait isolé. Rien de semblable dans l'opposition qui brisa le trône de Napoléon III tout en foulant aux pieds la volonté formelle de la nation française qui, après avoir édifié ce trône venait de le consolider par le témoignage le plus éclatant, le plus solennel ; sous le masque d'une opposition politique se cachait une véritable conjuration sans autre programme que l'assouvissement de ressentiments personnels et d'ambitions inavouables. Ces hommes que l'on a le droit d'appeler *les conjurés* n'étaient tout d'abord que quelques survivants de la République de 1848 qui ne pouvaient pardonner à l'Empereur d'avoir arraché la France à leur funeste domination. Ceci explique que cette cohorte de vaincus enfiellés, dont Adolphe Thiers peut être considéré comme le principal inspirateur, n'ait eu d'autre but que de ressaisir le pouvoir même au prix du démembrement de la France pour se venger ainsi sur l'Empereur de la victoire du Président.

Pendant dix-huit ans les Jules Simon, les Raspail, les Félix Pyat, les Changarnier, les Adolphe Thiers, mélange disparate de républicains et de royalistes ne rougissant pas d'une telle alliance, ourdirent la lente mais terrible conspiration d'où devait surgir le désastre dont les conséquences, aujourd'hui encore, oppriment notre malheureuse patrie. Parmi ces hommes de proie, Victor Hugo ne fut pas le moins acharné, et cela parce que courtisan obséquieux du Prince-Président, il n'avait pu obtenir de lui le portefeuille ministériel qu'il convoitait !...

Cette horde, dont la fureur croissait en proportion de la gloire de l'Empereur, fit plus tard des recrues dignes d'elle en ramassant dans les bas-fonds de Paris toute une collection de chenapans sans feu ni lieu, en quête de toute aventure leur permettant de faire taire leurs créanciers et de garnir leur estomac. En tête de ces ma-

landrins il faut placer Rochefort et Gambetta.

Tels furent l'origine de la République et
le caractère des républicains ; telle fut la
source des crimes perpétrés contre la patrie par ce qui se faisait appeler « l'opposition ».

Lors du conflit de 1866 entre la Prusse et
l'Autriche il souffla dans les sphères gou-
vernementales françaises, comme un cou-
rant dirigeant l'Empereur à une intervention armée en faveur de l'Autriche. L'opposition — nous l'avons vu — systématique-
ment hostile à tout ce qui pouvait rehaus-
ser le prestige de l'Empereur, témoigna vivement sa désapprobation de toute intervention belliqueuse. Un écrivain bien con-
nu et d'une parfaite loyauté — je nomme
Jules Richard — déclara qu'Adolphe Thiers
lui avait tenu ce propos : « *Il ne faut pas
que l'Empereur puisse faire une guerre
heureuse !* » Cette odieuse parole ne suffit-
elle pas pour faire connaître tout à la
fois l'homme et son clan ?... Le Corps Législatif lui-même fut très peu favorable au
projet d'intervention. Toutefois il y a lieu
de croire que l'Empereur ne se fût point
arrêté à ces objections plus ou moins injus-
tifiées sans la stupéfiante rapidité de cette
campagne qui, en une dizaine de jours,
aboutissait au coup de foudre de Sadowa.
Dès lors la Prusse se dressait au sein de
l'Europe comme une menace permanente
contre son repos et son équilibre.

C'est ce que comprit aussitôt l'Empereur.
Alors à Biarritz il se mit à élaborer tout un
plan de réorganisation de l'armée que,
moins de trois mois après Sadowa il en-
voyait au ministre de la guerre, le maréchal Randon. Par la réalisation du projet
de l'Empereur la France eût pu mettre sur
pied, en cas de guerre, un effectif de douze

cent mille hommes. Les fortifications de
toutes nos places de l'Est eussent été puissamment renforcées, le fusil Chassepot fa-
briqué pour toute l'armée et les mitrail-
leuses définitivement construites. Peu ac-
quis à ce projet, le maréchal Randon fut
aussitôt remplacé au ministère de la guerre par le maréchal Niel, l'une de nos plus
hautes personnalités militaires.

Immédiatement présentée aux Cham-
bres la proposition de l'Empereur n'y ren-
contra que la froideur et l'hostilité répan-
dues dans les esprits par les manœuvres
de l'opposition. Ce ne fut qu'en décembre
1867 que commença la discussion de cette
loi contre laquelle l'opposition s'éleva avec
la dernière violence. Les républicains ne
manquèrent pas d'agiter leur marotte de
« fraternité des peuples », de « solidarité
humaine », de « suppression des frontières » et autres billevesées substituant à la
force des armes l'amour réciproque des
peuples !... Jules Favre, Ernest Picard,
Garnier - Pagès, Jules Simon, Adolphe
Thiers applaudissaient de toutes leurs forces ces extravagantes théories des francs-
maçons tels que Jean Macé, Deschevaux-
Dumesnil, Erckmann et Chatrian qui pro-
phétisaient la paix universelle...

La discussion de la loi militaire fut lon-
gue, épineuse, opiniâtre. Il ne faut pas ou-
blier l'incident dramatique soulevé par Jules Favre qui, s'adressant au ministre de
la guerre, s'écria :

— Eh, comment donc ! Allez-vous faire
de la France une vaste caserne ?...

A quoi le maréchal Niel répondit mélan-
coliquement :

— Et vous ! Prenez bien garde d'en faire un vaste cimetière !...

Un avenir rapproché devait cruellement

démontrer de quel côté étaient la vérité et la sagesse...

En résumé, ces laborieux débats n'aboutirent qu'à une loi tronquée, incomplète, inefficace où ne subsistait presque plus rien des sages dispositions de l'Empereur. Sur quinze millions demandés par le ministre, le Corps législatif en accorda quatre !...

Par cet exposé rapide de faits devenus historiques, que subsiste-t-il, je vous le demande, messieurs, à vous de même, mesdames ; je demande ce qui subsiste de l'accusation d'imprévoyance portée contre l'Empereur ? Que pouvait-il faire de plus ?...

Ah ! combien est-elle terrible, la responsabilité des futurs auteurs du Quatre Septembre repoussant cette loi par laquelle la vigilante sagesse de l'Empereur eût prévenu notre ruine !... Est-ce à tort que dans son beau livre intitulé : « Napoléon III devant l'Histoire », Pierre Gérard, après avoir dénoncé le crime des républicains, arrive à cette conclusion : : — « Et ils firent à leur république un matelas de cadavres ! »

III

L'Empereur n'a pas voulu la guerre

Les républicains prétendirent que l'Empereur avait désiré, recherché la guerre par ambition et par intérêt dynastique. Le plus vulgaire bon sens dément cette assertion. Un simple coup d'œil sur la situation extérieure et intérieure de la France d'alors démontre jusqu'à l'évidence l'inutilité d'une guerre au point de vue de l'intérêt de l'Empereur ou de l'affermissement de sa dynastie.

Depuis la guerre de Crimée, glorieux baptême de son prestige militaire, Napoléon III n'avait rencontré que la victoire dans chacune de ses expéditions. Après les moissons de lauriers de la campagne d'Italie, n'avait-il pas porté aux chrétiens de Syrie la paix et la sécurité dans les plis du drapeau tricolore ?...

Par la valeur de ses armes, il s'était fait en Chine le champion de la civilisation et du droit ; nos aigles avaient créé au Mexique un empire destiné à asseoir dans le Nouveau-Monde la prépondérance des races latines. Partout où il flottait, le drapeau de la France Impériale était craint et respecté ; la plus légère offense à sa dignité était châtiée avec promptitude et vigueur. Voilà pour le dehors.

Au dedans, les populations heureuses et riches bénissaient le sceptre paternel qui, depuis vingt ans, leur assurait une prospérité sans seconde. Dans un légitime élan de reconnaissance, les Français venaient d'affirmer une fois de plus, à la face de l'univers, leur indéfectible attachement à l'Empire, et, malgré ses efforts désespérés, l'opposition n'avait pu empêcher que le Plébiscite exprimât 7 millions 488,000 *oui* contre 1 million 442,000 *non !*... A ce magnifique ensemble de force et de gloire au dehors, de bonheur, de sécurité et d'amour au dedans, qu'eussent bien pu ajouter quelques victoires nouvelles ?...

. Non, messieurs, non. Rien n'attirait l'Empereur à la guerre ; reconnaissons au contraire que tout l'en éloignait.

Oui, tout l'en éloignait. Depuis le rejet de son plan de réorganisation de l'armée, Napoléon était resté perplexe de l'infériorité numérique de nos forces militaires. En effet, comment l'Empereur eût-il pu cesser de prendre en considération ce point faible qu'il s'était appliqué à faire disparaître et qui rendait de plus en plus incertaine l'issue de toute campagne ?... De plus, l'état de sa santé, alors déjà fort critique, lui enlevait la liberté et la vigueur indispensables à un chef d'armée. En vain les facultés intellectuelles resteraient-elles intactes, elles ne peuvent arriver à leur complet épanouissement que par la collaboration de l'être physique. L'âme a besoin du corps, comme le peintre a besoin du pinceau et le poète de la lyre.

Parmi les lourdes calomnies de l'opposition, faut-il relever cette parole attribuée à l'Impératrice approuvant la guerre : « — Oui, ce sera ma guerre à moi ! » Eh bien ! l'Impératrice ne pouvait prononcer cette parole sans être tout à la fois une épouse et une mère sans cœur, étant donnés l'état de santé de son époux et l'âge de son fils : le Prince Impérial avait quatorze ans !... Et puis encore, l'eût-elle prononcée, cette étrange parole, en quoi pouvait-elle influer sur le cours impérieux des événements qui vont suivre ?...

Les causes de la guerre sont toutes différentes : résumons-les.

Nous avons vu l'opposition ne cherchant qu'à renverser l'Empire, à quelque prix que ce soit. Profondément irrités du succès du Plébiscite, les républicains cherchaient un autre moyen d'accomplir leur crime ; ce moyen leur fut procuré fortuitement par les événements.

A la fin du mois de juin 1870, le trône d'Espagne étant devenu vacant par la récente révolution de ce pays, fut convoité par un prince de la maison de Hohenzollern, qui régnait sur la Prusse en la personne du roi Guillaume Ier.

Cette prétention de la maison royale de Prusse suscita une vive et légitime émotion en Europe et principalement en France. En effet, la réussite de ce projet n'allait-elle pas placer la France à l'ouest comme à l'est de ses frontières sous l'étreinte d'une seule et même puissance de fait, et quelle puissance ? La Prusse, qui déjà portait ombrage à toute l'Europe !

La gauche du Corps législatif interpella sur ce fait le gouvernement. Le duc de Gramont, ministre des affaires étrangères, répondit par un langage calme mais ferme et énergique, faisant entendre que si elle s'y trouvait obligée, la France saurait se faire respecter. Cette déclaration fut bruyamment applaudie par les journaux républicains et d'opposition tels que le *Gaulois*, le *Soir*, le *Rappel*, le *Siècle*, l'*Univers*.

Mais l'Empereur ne voulait pas la guerre. Une nouvelle preuve en est qu'il tenta de résoudre le conflit par voie diplomatique en s'adressant à lord Lyons, ambassadeur d'Angleterre, pour le prier de s'employer auprès de son gouvernement afin qu'il sollicitât de la Prusse le retrait de la candidature Hohenzollern.

Par l'intervention du cabinet britannique, le prince de Hohenzollern, père du prince Léopold, retirait quelques jours après la candidature de son fils. Ce résultat fut salué par une satisfaction générale. En France ce fut le *Constitutionnel*, organe officieux, qui apporta la bonne nouvelle, il s'en félicitait vivement dans un article se terminant ainsi :

— C'est une victoire qui n'aura coûté ni une larme ni une goutte de sang ! »

C'est ainsi que la sagesse et le prestige de l'Empereur, tout en sauvegardant l'honneur et les intérêts de la France, allaient lui conserver l'inestimable bienfait de la paix. Hélas ! les pires ennemis de la France et de l'Empereur étaient-ils à Berlin ? Non, ils se trouvaient à Paris.

Les députés et les journaux d'opposition éclatèrent en grossières invectives contre ce qu'ils appelaient : *le recul du gouvernement*... Par des excès de langage vraiment inimaginables, ils s'efforçaient d'ameuter l'opinion de façon à rendre inévitable une guerre dans laquelle les républicains plaçaient le monstrueux espoir de la défaite de la France !...

Que leur importait-il, à ces parricides, que leur Patrie fût soudain plongée dans la terreur, le deuil, la ruine, les larmes, le sang, l'invasion et le démembrement, pourvu que l'Empire renversé laissât le champ libre à leurs abominables projets !.. Faut-il taxer d'exagération l'expression de cette pensée ?... Mais les gens de Septembre, avant et après leur attentat, n'eurent-ils pas le cynisme de dévoiler eux-mêmes au grand jour l'ignominie de leurs calculs ?... Ecoutez donc Rochefort s'écrier :

« *La chute de l'Empire ne serait pas payée trop cher par une invasion ! »*

Et Auguste Vitet en 1871 :

« *Je n'ose pas maudire l'année 1870 ; ne nous a-t-elle pas débarrassés de l'Empire ?... »* Et Ernest Picard :

« *La conquête de nos libertés vaut bien la perte de deux provinces ! »*

En vérité, messieurs, mesdames, l'esprit ne reste-t-il pas confondu, anéanti devant cet abîme de scélératesse ? Et pourtant c'est l'histoire qui parle, c'est l'histoire qui dépeint à nos yeux effrayés les révolutionnaires de 1870 sous cet exécrable jour !

Par les excitations de ces forcenés, l'opinion avait atteint à Paris un degré d'exaltation extrême, tandis que se poursuivaient les pourparlers dont l'Empereur attendait la confirmation officielle du retrait de la candidature Hohenzollern.

Ici se place l'incident décisif de la dépêche d'Ems. Notre ambassadeur en Allemagne, le comte Benedetti, eut dans cette ville, le 13 juillet, une entrevue avec le roi Guillaume à l'effet d'en obtenir la satisfaction officielle indispensable à la dignité et aux intérêts de la France. Après cette entrevue, dont notre ambassadeur s'était déclaré satisfait, le roi Guillaume dictait à son aide de camp, le prince de Radziwill, le texte de la dépêche officielle à envoyer à la France pour lui notifier le retrait de la candidature du jeune prince : la guerre était donc évitée...

Mais le roi Guillaume eut la fatale pensée de soumettre cette dépêche à son chancelier, le prince de Bismarck, qui avait résolu de faire de la France ce qu'il avait fait de l'Autriche, comptant à trop juste titre, pour la réussite de cet audacieux projet, sur le concours plus ou moins direct des républicains de France.

Par un faux monstrueux et jusqu'alors inconnu dans les annales des peuples, Bismarck osa tronquer, altérer, le document rédigé par son souverain de façon à en rendre le sens injurieux pour la France !...

L'arrivée de cette dépêche falsifiée à Paris y alluma, comme bien on pense, une effervescence indescriptible. La population envahissait tumultueusement les boulevards au cri répété comme un grondement de tonnerre : — A Berlin ! A Berlin !...

Partout retentissait la *Marseillaise ;* une fièvre intense de patriotisme exaspéré dévorait la capitale.

Enfin, le Corps Législatif vota la guerre par 247 voix contre dix !... Dans cette écrasante majorité se retrouvent les noms d'Ernest Picard, Magnin, Gambetta, Jules Simon, Wilson, Jules Ferry, c'est-à-dire de la plupart de ceux qui, deux ans auparavant, avaient désarmé l'Empereur en lui refusant les crédits nécessaires à la défense du territoire.

Comment l'Empereur eût-il bien pu s'y prendre ? — que les républicains viennent donc nous le dire ! — pour éluder la déclaration d'une guerre votée presque à l'unanimité du Corps Législatif, impérieusement réclamée par l'opinion parisienne, par une notable partie de la presse et par l'armée elle-même ?... Attribuer à l'Empereur la décision et seulement une intervention facultative dans cette déclaration de guerre, c'est formuler non seulement un mensonge impudent mais encore une absurdité.

L'Empereur prit le commandement de l'armée avec des inquiétudes que trahissait sa tristesse. Très peu avant son départ il répondit à un député qui accueillait la guerre avec plaisir :

— Je ne suis pas de votre avis, monsieur

le député. Je ne me félicite pas d'une guerre que j'ai tout mis en œuvre pour éviter. La guerre est toujours terrible, même quand on est assuré de la victoire. Et puis l'est-on jamais ?...

Toutefois l'Empereur, trop magnanime pour soupçonner l'infamie d'autrui, avait espoir dans une accalmie patriotique de l'opposition ; il comptait aussi sur l'indomptable valeur des armées françaises, habituées à vaincre des troupes presque toujours supérieures en nombre.

Tout indique que cet espoir se fût réalisé cette fois encore sans le crime de lèse-patrie des républicains.

IV

L'Empereur n'est pas responsable du désastre de Sedan

Aidés d'apparences dont les masses ne pouvaient découvrir la fragilité, les républicains accréditèrent facilement cette légende entretenue depuis par le mensonge et l'ignorance semés sans cesse parmi les populations. Non seulement l'Empereur ne saurait être responsable de la défaite de Sedan, mais il a tout fait pour la conjurer.

En quittant Paris à la tête de son armée l'Empereur en avait pris le commandement. Bientôt l'opposition exigea qu'il fût dépossédé de ce commandement, prenant pour prétexte nos premières défaites. Or, il faut mentionner ici ce qu'on ignorait généralement alors, c'est que ces premiers revers étaient l'œuvre presque unique du maréchal Bazaine, qui laissa volontairement écraser ses frères d'armes à Forbach, à Gravelotte, à Rezonville.

Placé à proximité de ces champs de bataille dont il entendait la canonnade éperdue, Bazaine restait dans l'inaction, ou bien il répondait par des sarcasmes impies aux envoyés qui arrivaient jusqu'à lui. C'est en se basant sur de semblables défaites que l'opposition réussit à enlever le commandement suprême à l'Empereur pour en investir précisément le traître que Jules Favre — d'exécrable mémoire — appelait : « le glorieux Bazaine ! » Les républicains n'étaient-ils pas dans leur rôle en choisissant un complice digne d'eux ?...

L'Empereur reçut avec dignité cet injuste affront. Il resta au milieu de l'armée pour partager ses périls et subir son sort, s'abstenant dès lors — quoi qu'en aient dit ses ennemis — de toute ingérence dans le commandement. Toutefois il fit une dérogation à cette règle ; voici laquelle :

Le corps d'armée où se trouvait l'Empereur, dans les derniers jours d'août, était commandé par le maréchal de Mac-Mahon. Après plusieurs défaites, le maréchal, se disposant à porter ses troupes sur Sedan, reçut de l'Empereur de sérieuses objections sur le danger de cette position en cas de bataille La ville de Sedan, située au fond de l'entonnoir formé par les hauteurs circonvoisines, ne saurait être le théâtre d'aucun engagement militaire. Le maréchal de Mac-Mahon commit la lourde faute de persister dans son projet ; faute difficile à expliquer chez un officier de cette valeur, si ce n'est, peut-être, par l'ignorance de la situation topographique de la ville, mais alors il ne devait pas s'en rapporter à ses seules lumières.

Il résulte positivement de ceci non seulement que l'Empereur, dépossédé du commandement, ne pouvait avoir conduit l'armée à Sedan, mais encore que si elle s'y trouvait c'était contre son gré formel, et par le seul aveuglement du maréchal de Mac-Mahon : l'argument est sans réplique.

Le 31 août au soir, l'armée de Sedan se trouvait donc dans une situation des plus graves, attendu que l'ennemi s'était déjà déployé sur la plupart des hauteurs avoisinant la ville. Le 1er septembre, dès le matin, eut lieu un engagement dans lequel Mac-Mahon fut blessé. Se voyant hors de combat, il transmit son commandement au général Ducrot : il était six heures du matin. Ducrot partagea les vives alarmes de l'Empereur sur le péril de l'armée. Ducrot et l'Empereur, d'un commun accord, décidèrent la retraite immédiate sur Mézières.

D'après les dires ultérieurs de généraux compétents, cette opération était la seule chance de salut. En admettant que l'ennemi l'eût contrecarrée, la bataille ayant lieu en rase campagne trouvait du moins notre armée dans une position normale, c'est-à-dire maîtresse de ses évolutions.

Déjà était commencé le mouvement rétrograde lorsque arriva de Paris le général Wimpfen, porteur d'une lettre du général de Palikao, ministre de la guerre, investissant ce général de pouvoirs dont il se prévalut pour exiger le commandement en chef. En vain Ducrot revendiqua-t-il avec énergie les pouvoirs qu'il tenait de Mac-Mahon : tout fut inutile. La situation était critique, l'heure pressait, Wimpfen était supérieur en ancienneté : Ducrot ne prolongea pas la discussion Du moins il tenta de faire admettre à son successeur l'urgence de la retraite, à quoi Wimpfen répondit avec hauteur : « Ce n'est pas une retraite qu'il nous faut, c'est une victoire !... »

Aussitôt Wimpfen donna l'ordre de réoccuper les positions déjà évacuées ; on peut facilement se rendre compte du désarroi jeté dans l'armée par ces contre-ordres répétés !... Il était alors 9 heures. En ce moment avait lieu le sanglant combat de Bazeilles où l'ennemi retenait une partie de notre armée pour opérer plus facilement le mouvement tournant dans lequel il enveloppa Sedan et l'armée tout entière. L'Empereur à cheval se porta sur le champ de bataille de Bazeilles, du côté du village de Balan. Avec la précision de son coup d'œil militaire il reconnut bien vite que tout était perdu...

A cette heure de suprême déchirement il résolut, comme Napoléon Ier à Waterloo, de demander à une mort glorieuse la fin de son long martyre...

Faisant faire halte à son escorte il s'avança seul sur le plateau de Bazeilles où pleuvaient les balles et les éclats de mitraille. Son cheval se cabrant presque à chaque pas le faisait cruellement souffrir, ajoutant d'intolérables douleurs physiques aux tourments de son agonie morale... Mais lui, impassible, avançait toujours, arrêtant un regard de sombre convoitise sur le papillotage des balles comme pour y découvrir plus vite celle qui serait sa messagère de délivrance !... Il montait... il montait toujours sur les crêtes de la Moncelle dont il gravissait péniblement les pentes comme autrefois le Christ montant au calvaire chargé de sa croix... A ses côtés quatre officiers supérieurs roulèrent dans la poussière grièvement blessés... Mais à Sedan comme à Waterloo la mort devait respecter le héros du grand drame comme s'il fallait que la poésie de la souffrance, donnant son âpre baiser à l'éclat de la gloire, cimentât ainsi les bases de la dynastie. Comprenant qu'il fallait survivre, Napoléon s'y soumit avec son stoïcisme habituel. Plus grand encore dans la vie où il rentrait que dans la mort qu'il avait espérée il revint — silencieux et impassible toujours — près de ses officiers saisis de respect et d'admiration.

Puis ils rentrèrent ensemble à Sedan avec quelques fragments de l'armée déjà dispersée par la débandade.

En revenant ainsi du champ de bataille de Bazeilles, vers midi, l'Empereur rencon-

trant le général de Wimpfen lui fit remarquer les masses ennemies se groupant ra-
pidement sur sa gauche.

— Tant mieux, Sire ! répondit Wimpfen
en prenant les mains de l'Empereur. Lais-
sons les faire : plus il y en aura plus j'en
jetterai dans la Meuse... Dans deux heures
j'aurai gagné la bataille !...

Ce fut précisément vers deux heures que
devint complet l'effondrement de notre armée. Nos troupes débandées, éperdues, affo-
lées, rentraient pêle-mêle à Sedan où se
produisirent bientôt une confusion, un tu-
multe, un encombrement indescriptibles.
C'est alors qu'agissant non comme chef
d'armée mais comme chef d'Etat, l'Empereur fit arborer le drapeau blanc pour par-
lementer. Toutefois, le feu continua malgré ce signal soit qu'il n'ait point été aper-
çu, soit que l'on n'en ait pas tenu compte.

Il était environ trois heures quand Wimpfen envoya un billet à l'Empereur pour
lui offrir de venir se placer au milieu des
troupes afin de se frayer un passage.

Mais où étaient-elles, les troupes ? Et puis
quel rôle se fût donné l'Empereur en cherchant à fuir au moment du plus grand péril ?...

Tout était dispersé. L'intérieur de Sedan
n'était plus qu'un fouillis gigantesque où
s'entassaient hommes, chevaux, bagages,
voitures, canons, blessés et mourants, de
telle sorte que la circulation y était impos-
sible, même pour un homme à pied...

Le général Ducrot, commandant le
1er corps, n'avait plus personne avec lui,
pas même une partie de son escorte. Le
4e corps, à lui seul, avait perdu 4.000 hommes ; le général Douay ne savait pas ce
que pouvait être devenu son corps d'armée.
La division Lartigue avait été écrasée sur
les hauteurs de la Moncelle après une ré-

sistance héroïque. La division Liébert venait de ramener à Sedan ce qu'elle avait
pu réunir de ses débris... Le général Mar-
gueritte avait été tué ; le général de Gal-
liffet, par trois charges formidables, avait
fait hacher ses hommes trois fois repous-
sés par le nombre... L'ennemi enserrait
dans un cercle de feu ce qui restait de
notre armée, par ailleurs acculée à la
Meuse et à la ville !...

Devant cette pâle esquisse de carnage,
que devient l'ignoble fable qui représente
notre armée de Sedan se rendant sans
combattre, comme un troupeau de mou-
tons ?... Que devient le simulacre d'indi-
gnation des républicains qui, installés con-
fortablement chez eux, à l'abri de tout danger, lançaient à l'horizon leurs retentis-
santes clameurs sur « l'homme de Sedan,
la honte de Sedan, la boue de Sedan, —
fabriquant ainsi pour le vulgaire ces lourdes métaphores dans lesquelles le grotes-
que le dispute à l'odieux !... La honte, la
boue, c'étaient eux, eux seuls qui en souil-
laient notre histoire et en jonchaient notre
sol !... La journée de Sedan fut une catastrophe épique attirée par la présomption
d'un général incapable et vaniteux, Wimpfen, auquel, à très juste titre, l'histoire en
attribue l'écrasante responsabilité.

Il fut prouvé qu'à trois heures, quand
Wimpfen cherchait à attirer son souverain
au milieu de troupes détruites, tout mouvement offensif, même s'il eût été maté-
riellement possible, était insensé.

L'Empereur le savait. Il savait aussi
que ne point arrêter le feu, c'était livrer
le reste de l'armée à une boucherie aussi
cruelle qu'inutile. Le général Ducrot vint
alors conférer avec l'Empereur, qui lui répondit :

« Je connais l'étendue du désastre. Mais

je rends justice à toute l'armée ; elle s'est assez sacrifiée, c'est à mon tour de m'immoler. Je suis résolu à demander un armistice. »

Après ces paroles sublimes, l'Empereur fit écrire au roi de Prusse pour lui rendre son épée et se constituer prisonnier.

Il était quatre heures et demie. Alors Wimpfen, éperdu, voulut tenter une sortie du côté de Carignan. A peine put-il réunir deux à trois mille hommes avec lesquels il fit quelques centaines de mètres ; bientôt il fut contraint de rentrer précipitamment à Sedan. Alors, ne sachant que se soustraire aux conséquences de la catastrophe qu'il avait follement attirée, il osa envoyer sa démission à l'Empereur !... Mais quel est le général qui eût accepté le commandement dans ces conditions ?

L'Empereur refusa la démission de Wimpfen, qui fut contraint de conclure et de signer la capitulation.

C'était justice. Qui donc devait endosser les conséquences immédiates du désastre si ce n'est son auteur ?... Le rôle de cet homme néfaste reste nettement établi dans la journée de Sedan : il s'arroge d'abord le commandement en chef par violence et vanité à l'heure critique où le salut de l'armée devait primer toute considération personnelle ; il persiste à livrer bataille à Sedan malgré l'opinion de Ducrot et de l'Empereur ; il jette la perturbation dans l'armée par ses contre-ordres ; puis ayant acculé son pays à la défaite finale il veut esquiver sa responsabilité en accusant de désobéissance les généraux placés sous ses ordres et en donnant sa démission !... Telle et l'œuvre insensée à laquelle Wimpfen sacrifie dix mille hommes ! !...

Quant à Napoléon III, il sauve l'armée d'une destruction totale ; il préserve du deuil les familles d'une quarantaine de mille hommes ; il rend possible une paix immédiate et honorable... Mais à quel prix ?... Au prix de son trône que le souverain renverse lui-même ; au prix de son épée que le Guerrier brise de sa propre main ; au prix de son héritage que le Père enlève à son Fils !... Au prix de son œuvre de sagesse et de gloire que le héros anéantit après vingt ans de lutte !... Au prix enfin de sa réputation que l'homme livré sans défaillance à ses ennemis dont il accepte à l'avance les accusations, les outrages, les calomnies, les injures et les sarcasmes !...

C'est ainsi que Napoléon emplit lui-même son calice jusqu'aux bords et qu'il le boit jusqu'à la lie !... Il le veut : il le fait. N'est-ce pas pour sauver cette armée qu'il a jadis chargée de lauriers ! N'est-ce pas pour rendre la paix à cette France dont il a fait la première nation de l'univers ?...

Tel est l'acte dramatique, l'acte surhumain que les républicains appellent une lâcheté !...

Lâche ? Napoléon III ! Lâche, le chevalier de vingt-trois ans se précipitant dans l'insurrection des Romagnes où son frère Charles Napoléon trouve la mort !... Mais ne convient-il pas de lui appliquer alors ces vers du poète :

Honteux de n'être encor fameux que par ses
[charmes,
Avide de la gloire, il volait aux alarmes...

Lâche, le paladin surgissant à Strasbourg, seul, en présence d'un gouvernement puissamment défendu !... Lâche, le preux reparaissant bientôt à Boulogne pour reconquérir, au péril de sa vie, le plébiscite à la France !... Lâche, le héros de l'amour filial qui, pour fermer les yeux d'un père en

exil, affronte par sa périlleuse évasion de
Ham la balle réservée à tout prisonnier qui
s'échappe !... Lâche, le souverain, l'époux,
le père sous la mitraille des attentats, impassible et clément toujours !... Lâche, le
brillant généralissime de l'armée d'Italie,
le vainqueur de Magenta !... Lâche enfin,
le martyr de Sedan que la mort repousse
dans les bras de la vie !...

Ah ! c'est trop, messieurs, c'est trop !...
A tout jamais l'histoire, la postérité de-
manderont compte de ce blasphème à ceux
qui eurent la force de le proférer !...

V

L'Empereur n'est pas responsable de la perte de l'Alsace-Lorraine

L'immolation de Napoléon III à Sedan devait avoir pour conséquence directe la conclusion de la paix, sans aucune cession de territoire. Ce fut le crime du Quatre Septembre qui rendit stérile le sacrifice de l'Empereur.

Voici comment. Aussitôt après Sedan, la Russie et l'Autriche se déclarèrent prêtes à intervenir comme médiatrices afin que le traité de paix ne comportât aucune cession de territoire.

La Russie, par l'intermédiaire du comte Fleury, l'Autriche par celui du comte de Benst, s'étaient abouchées déjà dans ce but avec l'Empereur, quand éclata la révolution du Quatre Septembre.

Aussitôt les nations amies rompirent tous pourparlers, se détournant avec dégoût des séditieux qui venaient de renverser en face de l'invasion triomphante le gouvernement légitime de leur pays...

Telle fut la première conséquence de l'attentat des républicains ; bientôt devait s'en produire une autre.

Très peu de jours après le Quatre Septembre, la Prusse offrit directement la paix à la France moyennant une indemnité de deux milliards et *le seul démantèlement de Strasbourg.*

Les républicains refusèrent ces conditions inespérées. Ce furent surtout Jules Favre et Gambetta qui décrétèrent la guerre à outrance.

Puis comme si les républicains eussent juré de perdre la France et de défier le ciel ils refusèrent encore fin octobre de nouvelles propositions de paix basées cette fois sur une rançon de trois milliards et environ moitié des territoires perdus depuis. Ils continuèrent donc leur guerre extravagante. On sait le reste.

Ces faits sont consignés dans l'enquête sur la Défense Nationale et résultent principalement des dépositions d'Adolphe Thiers. Cette enquête sur les actes du gouvernement du Quatre-Septembre eut lieu en 1871. Elle forme un volumineux ouvrage qui doit se trouver dans toutes les bibliothèques municipales. Les faits qu'il contient ne devraient donc rien avoir de mystérieux pour personne ; cependant ils restent ignorés de l'immense majorité des Français...

En empêchant la paix après Sedan, en la refusant d'abord en septembre, ensuite en octobre les républicains n'ont-ils pas couru au-devant du traité de Francfort ?... Qui donc, si ce n'est eux seuls, doit en porter devant l'histoire la terrible responsabilité ?

L'histoire a parlé. Elle s'est prononcée pour accabler, pour maudire les hommes du 4 Septembre. Que chacun l'entende, que chacun s'incline devant son irrévocable jugement...

Nous, plébiscitaires et impérialistes, nous ne sommes pas des fanatiques cherchant à imposer à tous les arrêts de notre opinion, ni les dilections de notre cœur.

Non : amis passionnés de la liberté pour tous parce que nous la revendiquons pour nous-mêmes, nous entendons laisser à tout Français le droit d'orienter à son gré sa conscience politique comme sa conscience religieuse. Mais ce que nous voulons, c'est que la vérité éclate au grand jour. Ce que nous voulons, c'est que le plus humble de nos concitoyens connaisse des événements qui font désormais partie intégrante de l'histoire de notre France. Ce que nous ne voulons pas, c'est que des Français, a quelque rang social qu'ils appartiennent, continuent de baser leur jugement de l'Empire et de l'Empereur sur des erreurs grossières, des mensonges impudents ou de lâches calomnies.

Nous sommes en France des milliers et des milliers qui nous sommes imposé pour mission sacrée la divulgation de la vérité à tous et devant tous ; partout et toujours. Aucun de nous ne restera au-dessous de ce sacerdoce.

Si les années en marquant sur nous leur empreinte alourdie encore du poids de la douleur patriotique ont ridé nos fronts et blanchi nos cheveux, que nous importe ?... Nous savons que notre idéal ne descendra point avec nous dans la tombe !... Derrière nos rangs décimés voici que se forment des rangs brillant de jeunesse, exubérant d'enthousiasme qui viennent, eux aussi, réclamer leur place dans les milices de la croisade sainte !

Si ce n'est par nous ce sera par eux que la vérité fera sa triomphante apothéose.

Alors seulement les plébiscitaires songeront au repos. Comme le leur prescrit leur Auguste Chef l'Exilé de Bruxelles, le Prince Victor Napoléon, ils salueront avec respect le verdict éclairé du peuple de France.

Alors aussi, nous en conservons l'indéfectible espoir, la vérité mère de la justice en relevant le trône où s'assirent les Napoléons saura rendre à notre France son bonheur perdu et ses gloires évanouies.

Imprimerie Française, J. Dangon,
23, rue Montmartre, Paris.

www.ingramcontent.com/pod-product-compliance
Lightning Source LLC
Chambersburg PA
CBHW051337060726

47596CB00004B/1662